WENNSCHON, DENNSCHON

Latein von Grund auf

BAND I A

Liebe Schülerin, lieber Schüler,

Latein zu lernen ist eine anspruchsvolle Aufgabe.

Mit der richtigen Lern-Strategie wird sich der Erfolg aber sicher einstellen.

Dieses Übungsheft **WENNSCHON, DENNSCHON** soll dir dabei helfen.

Es steht fest, dass man Latein nur durch **viel Üben** lernen kann. Deshalb findest du für jede „Felix“-Lektion **gezielte, präzise Übersetzungs-Übungen**.

Außerdem findest du überall dort, wo die Erklärungen Deines „Felix“-Lateinbuchs vielleicht etwas knapp geraten sind, zusätzliche Erklärungen zum besseren Verständnis.

Im Lösungsheft sind alle Aufgaben nochmals aufgeführt und werden der richtigen Lösung direkt gegenübergestellt (große Übersichtlichkeit). Wenn mehrere Lösungen möglich sind, geben wir diese in der Regel an.

Übrigens: **WENNSCHON, DENNSCHON** ist als **zusätzliches Material** konzipiert zur intensiven Wiederholung und Vertiefung des Erlernten. Aufpassen im Unterricht, Erledigen der Hausaufgaben und Lernen der Vokabeln sind natürlich Grundvoraussetzung.

Viel Erfolg wünschen dir
die Verfasser

R. Pellegrini-Theiss und N. Haeusgen

---

www.wennschondennschon.de

WENNSCHON, DENNSCHON

Latein von Grund auf

Übungsmaterial zu „LATEIN MIT FELIX“

BAND I A • LEKTION 1 – 20 • 1. Halbjahr 5. Klasse

Verfasst von R. Pellegrini-Theiss und N. Haeusgen

9. Auflage 2012/2013

ISBN 978-3-00-025121-4

www.wennschondennschon.de

WENNSCHON, DENNSCHON
Latein von Grund auf

BAND I A

Liebe Eltern,

das Fach **LATEIN** muss gerade in den ersten Schuljahren **VON GRUND AUF** gelernt werden, weil in diesen Jahren die wichtigsten grammatikalischen Strukturen durchgenommen werden.

Aufgrund jahrelanger Erfahrung sind wir der Auffassung, dass die Kinder – über das „reguläre“ schulische Material hinaus – **weitere gezielte Übersetzungsübungen** benötigen.

Schüler der 5. Jahrgangsstufe verfügen in der Regel über ein viel besseres Merkvermögen als wir Erwachsene und beherrschen bekannte Texte aus dem Buch meistens schnell aus dem Gedächtnis. Dies macht aber keine hinreichende Aussage über den tatsächlichen Kenntnisstand und die Übersetzungsfertigkeit. Es kommt daher auf **zusätzliche**, den Kindern **unbekannte** Übersetzungstexte an, wie sie dann ja auch in den Schulaufgaben bewältigt werden müssen.

Dies hat uns dazu gebracht, **WENNSCHON, DENNSCHON** zu schreiben.

Sämtliche Übungen sind als **Übersetzungen „in beide Richtungen“** konzipiert (die Sätze natürlich in unterschiedlicher Reihenfolge oder abgewandelter Form), da nach unserer Erfahrung viele Schüler einen Text zwar „in der einen Richtung“ ordentlich übersetzen können, ihn „in der anderen Richtung“ aber nicht in den Griff bekommen. Mit diesem Konzept werden die Kinder trainiert, beide Sprachen zu beherrschen und gewandt mit der Grammatik umzugehen.

Ihren Kindern viel Erfolg wünschen die Verfasser
R. Pellegrini-Theiss und N. Haeusgen

Das Programm von WENNSCHON, DENNSCHON auf einen Blick:

5. Klasse („Latein mit Felix 1“):	**Band I A** (gelb): Lektionen 1 – 20, ISBN 978-3-00-025121-4 **Band I B** (blau): Lektionen 21 – 35, ISBN 978-3-00-025122-1
6. Klasse („Latein mit Felix 2“):	**Band II A** (grün): Lektionen 36 – 50, ISBN 978-3-00-025123-8 **Band II B** (lila): Lektionen 51 – 63, ISBN 978-3-00-025124-5
7. Klasse („Latein mit Felix 3“):	**Band III** (orange): Lektionen 64 – 88, ISBN 978-3-00-025125-2

---

www.wennschondennschon.de

DER RICHTIGE UMGANG UND DAS RICHTIGE LERNEN MIT VOKABELKARTEN

!	Um die Wörter (Vokabeln) zu lernen und vor allem wiederholen zu können, musst du jedes Wort, das du in einer Lektion lernst, auf VOKABELKARTEN schreiben oder die fertigen Karten des Schulbuchverlags kaufen.

Verwende am besten weiße oder gelbe **Karteikarten** (liniert, DIN A 7) sowie passende große **Karteikästen**. Besorge außerdem eine Packung bunte Gummibänder (Haushaltsgummis).

1) Schreiben der Vokabelkarten:

- **Jedes** Wort schreibst du auf eine **eigene** Karte (das lateinische Wort auf die eine Seite, seine sämtlichen deutschen Bedeutungen auf die andere Seite).
- Schreibe ordentlich und deutlich in der Mitte der Karte !
- Rechts oben auf jeder Karte vermerkst du die Nummer der betreffenden Lektion !
- Schreibe **auch Redewendungen** oder Sätze, mit denen du Schwierigkeiten hast, auf Karteikarten (Nummer der Lektion nicht vergessen !).

2) Ordnen der Karten nach Lektionen:

- Alle Karten einer Lektion hältst du durch einen **Gummi** zusammen, so dass du für jede Lektion ein eigenes „Päckchen" hast.
- Wichtig ist, dass die Päckchen ordentlich sind: Also die Karten nicht „kreuz und quer" oder teilweise „auf dem Kopf"; es müssen alle Karten gleich abgelegt sein (=alle mit lateinischer Seite nach vorn, nicht „mal so, mal so"!).

3) Aufbewahren der Karten:

- Achte darauf, dass du alle Kartenpäckchen **im Kasten** hast (nicht im Zimmer verstreut herumliegen lassen) !
- Lege die Kartenpäckchen in der Reihenfolge der Lektionen im Kasten ab.
- Wichtig ist, dass auch im Kasten Ordnung herrscht: Also die Päckchen nicht „kreuz und quer“ oder teilweise „auf dem Kopf“.

4) Laufendes Arbeiten mit den Vokabelkarten:

Es kommt entscheidend darauf an, dass du die Vokabeln **laufend**, also **nicht** erst vor der Schulaufgabe, mit deinen Vokabelkarten wiederholst !

Hierfür genügen **wenige Minuten täglich**, wenn du es auch wirklich jeden Tag machst:

Aufgrund langjähriger Erfahrung raten wir dir zu folgendem WOCHENPROGRAMM, das du spätestens ab Weihnachten während der Schulzeit einhalten solltest:

- Wiederhole **TÄGLICH (Montag bis Freitag)** zusätzlich zu den neuen Vokabeln, die du gerade neu lernen musst, **drei „alte“ Päckchen** !
- Wenn deine Klasse z.B. gerade bei Lektion 17 ist, wiederholst du am Montag die Päckchen 16, 15 und 14, am Dienstag 13, 12 und 11, am Mittwoch 10, 9 und 8 u.s.w.
- Wenn in den Päckchen Karten sind, die du nicht vollständig kannst, legst du diese Karten zur Seite (Stapel „FALSCH“), die anderen kommen wieder in das Päckchen.
- Am **WOCHENENDE** beschäftigst du dich mit dem **Stapel „FALSCH“**: Erst wenn du eine Karte **sicher** beherrschst, ordnest du sie wieder in das Päckchen der betreffenden Lektion ein.
- Wenn du mit dem Wiederholen der Päckchen ganz vorne bei Lektion 1 angekommen bist, beginnst du wieder von hinten mit den Päckchen (siehe oben zweiter Schritt).

Du kannst auch nach einem anderen „System“ deine Vokabelkarten wiederholen. Wichtig ist aber, dass du LAUFEND (also am besten täglich ein paar Minuten) „alte“ Karten wiederholst. Nicht gekonnte Karten nicht bloß zur Seite legen, sondern wirklich lernen !!

5) Vernünftiges Wiederholen / Abfragen der Vokabelkarten:

Das ganze System mit den Vokabelkarten funktioniert nur, wenn du beim Wiederholen / Abfragen folgende Regeln einhältst:

- Nicht „mogeln“ !
- Vokabeln müssen **mit allen Bedeutungen** gewusst werden (sonst gehört die Karte auf den Stapel „FALSCH“) !

Jetzt: VIEL ERFOLG mit den Karten !

☺

Das Programm von WENN SCHON, DENN SCHON auf einen Blick:

5. Klasse („Latein mit Felix 1“):
Band I A (gelb): Lektionen 1 – 20, ISBN 978-3-00-025121-4
Band I B (blau): Lektionen 21 – 35, ISBN 978-3-00-025122-1

6. Klasse („Latein mit Felix 2“):
Band II A (grün): Lektionen 36 – 50, ISBN 978-3-00-025123-8
Band II B (lila): Lektionen 51 – 63, ISBN 978-3-00-025124-5

7. Klasse („Latein mit Felix 3“):
Band III (orange): Lektionen 64 – 88, ISBN 978-3-00-025125-2

ERSTE ÜBERSETZUNGSÜBUNGEN

Beim Übersetzen musst du gut aufpassen und genau sein !

Zunächst ist natürlich wichtig, dass du die **richtige Bedeutung** jedes Wortes kennst; zusätzlich musst du aber auch **immer auf den richtigen Numerus** (also ob **Singular oder Plural** = Einzahl oder Mehrzahl) achten !

Übersetze aus dem Deutschen ins Lateinische (ÜBUNG 2 A):

02

1. Hier sind Tempel.	
2. Dort ist eine Statue.	
3. Hier ist ein Denkmal.	
4. Dort ist ein Wirtshaus.	
5. Hier ist eine Markthalle.	
6. Das Tor steht offen.	
7. Die Tore stehen offen.	
8. Die Freundinnen beeilen sich.	
9. Die Freunde beeilen sich.	
10. Sie sind schon da.	

11.Wo sind die Freundinnen?	
12.Wo ist der Sohn ?	
13.Sie grüßen.	
14.Er/sie/es grüßt.	

15.Markus und Claudia fragen.	
16.Markus freut sich.	
17.Die Hausherren grüßen.	
18.Der Hausherr grüßt.	
19.Die Freundinnen grüßen.	
20.Der Hausherr ist schon da.	
21.Quintus ist der Hausherr.	
22.Barbara und Lydia sind Sklavinnen.	
23.Seid gegrüßt !	
24.Syrus und Flavus sind Sklaven.	

Übersetze nun aus dem Lateinischen (ÜBUNG 2 B):

04082352

1. Amicae properant.	
2. Amicae salutant.	
3. Amici properant.	
4. Barbara et Lydia servae sunt.	
5. Domini salutant.	
6. Dominus iam adest.	
7. Dominus salutat.	
8. Hic basilica est.	
9. Hic monumentum est.	

10. Hic templa sunt.	
11. Iam adsunt.	
12. Ibi statua est.	
13. Ibi taberna est.	
14. Marcus et Claudia interrogant.	

15.Marcus gaudet.	
16.Porta patet.	
17.Portae patent.	
18.Quintus dominus est.	
19.Salutant.	
20.Salutat.	
21.Salvete !	

22.Syrus et Flavus servi sunt.	
23.Ubi amicae sunt?	
24.Ubi filius est?	

ERSTE ÜBERSETZUNGS-TIPs

Die Sätze, die du bis jetzt übersetzen kannst, können sehr kurz sein – oder auch länger.

Der **kleinste mögliche** Satz besteht aus **einem Wort**, und zwar aus einem Prädikat (Satzaussage), z.B.:

Exspectat.	Er (sie/es) wartet.

Hier ist das Subjekt „er/sie/es" (=der Satzgegenstand; man fragt: Wer oder was ?) im lateinischen Verbum „exspectat" bereits enthalten.

Wenn du den kurzen Satz „Exspectat." übersetzt, kommt es auf den **Zusammenhang des übrigen Textes** an:

- Wenn vorher z.B. von einem **Mann** die Rede war, dann musst du „Exspectat." mit „**Er** wartet." übersetzen;
- wenn z.B. von einer **Frau** die Rede war, musst du „Exspectat." mit „**Sie** wartet." übersetzen;
- wenn z.B. von einem **Kind** die Rede war, musst du „Exspectat." mit „**Es** wartet." übersetzen.

Ebenfalls sehr kurz ist z.B. folgender Satz:

Cur exspectat ?	Warum wartet er (sie/es) ?

Auch hier ist das Subjekt „er/sie/es" im lateinischen Verbum „exspectat" bereits enthalten; auch hier kommt es bei der Frage, ob es **„er", „sie" oder „es"** heißt, auf den Zusammenhang des übrigen Textes an.

Schon deutlich länger ist etwa folgender Satz:

Cur Quintus dominus et Claudia filia non diu exspectant ?	Warum warten der Hausherr Quintus und die Tochter Claudia nicht lange ?

Hier heißt das Prädikat „exspectant" = „sie warten" (Plural !); wenn wir weiter fragen „WER ODER WAS wartet ?", entdecken wir im Satz zwei Personen im Nominativ („Quintus dominus" und „Claudia filia"). Diese beiden sind also das Subjekt (der Satzgegenstand) des Satzes: „Der Hausherr Quintus und die Tochter Claudia warten". Jetzt musst du noch die restlichen Wörter übersetzen (cur, et, non diu), und fertig ist die richtige Lösung !

Merke also unbedingt:
Beim Übersetzen aus dem Lateinischen fängt man IMMER mit dem Prädikat an und übersetzt es, **danach** fragt man **„WER ODER WAS ?"**, erst dann übersetzt man den Rest ! ***(Regel 1)***

Anders ist es beim Übersetzen **aus dem Deutschen**:
Du kannst einfach der Reihe nach Wort für Wort übersetzen, das lateinische **Prädikat muss aber in aller Regel an den Schluss des Satzes !** (***Regel 2***)

Noch eine Besonderheit: Im Lateinischen steht der Eigenname **vor** der dazugehörigen Bezeichnung; „der Freund Markus" heißt also nicht „*amicus Marcus*", sondern **„Marcus amicus"** !

Übersetze nun ins Deutsche und beachte dabei vor allem ***Regel 1***
(ÜBUNG 3 A):

03

1. Senator iam adest et salutat.	
2. Quid ibi videt?	

3. Cur non properat ?	
4. Quintus dominus gaudet, nam mercatores iam laborant.	
5. Senatores non properant, sed paulum exspectant.	
6. Lucius mercator iam laborat.	
7. Ibi forum est.	
8. Cur mercatores non laborant ?	
9. Cur cessant ?	
10. Ubi mercatores laborant ?	

11. Iulia amica iam intrat et laborat.	
12. Quid videt ?	
13. Claudia filia nunc intrat.	
14. Tandem etiam senatores intrant.	

15.Mercatores non cessant.	
16.Spurius amicus et Iulia amica salutant.	
17.Etiam Claudia filia salutat.	
18.Nunc Iulia amica gaudet.	
19.Tandem portae patent.	
20.Lucius et Quintus mercatores et domini sunt.	
21.Lucius et Quintus mercatores etiam domini sunt.	

Übersetze nun ins Lateinische und beachte dabei ***Regel 2***
(ÜBUNG 3 B):

03

1. Wo arbeiten die Kaufleute ?	

2. Was sieht er dort ?	

3. Was sehen sie ?	
4. Warum zögern sie ?	
5. Warum beeilt er sich nicht?	
6. Warum arbeiten die Händler nicht ?	
7. Nun freut sich die Freundin Julia.	
8. Lucius und Quintus sind Kaufleute und Hausherren.	
9. Endlich treten auch die Senatoren ein.	
10. Endlich sind die Tore offen.	

11. Dort ist der Marktplatz.	
12. Die Tochter Claudia tritt nun ein.	
13. Die Senatoren beeilen sich nicht, sondern warten ein wenig.	

14. Die Kaufleute Lucius und Quintus sind auch Hausherren.	
15. Die Händler rasten nicht.	
16. Die Freundin Julia tritt schon ein und strengt sich an.	
17. Der Senator ist schon da und grüßt.	
18. Der Kaufmann Lucius arbeitet schon.	
19. Der Hausherr Quintus freut sich, denn die Händler arbeiten schon.	
20. Der Freund Spurius und die Freundin Julia grüßen.	
21. Auch die Tochter Claudia grüßt.	

→

Setze nun folgende Sätze in den **Plural** und übersetze die neuen Sätze (ÜBUNG 3 C):

03

Satz im Singular	Satz im Plural	Pluralsatz auf Deutsch
1. Amicus salutat.	Amici salutant.	Die Freunde grüßen.
2. Senator adest.		
3. Amica gaudet.		
4. Servus laborat.		
5. Quid filia videt ?		
6. Porta patet.		
7. Ubi templum est ?		
8. Hic templum est, ibi monumentum est.		
9. Mercator intrat.		
10. Senator iam exspectat.		
11. Amicus intrat, nam porta patet.		

DIE „KLEINEN“ WÖRTER (hier: DIE ADVERBIEN)

Auch auf die ganz „kleinen“ Wörter musst du achten ! Im bisherigen Wortschatz finden sich kurze Wörter, die mit *„Adv.“* gekennzeichnet sind.

„Adv.“ bedeutet Adverb; ein Adverb steht meist bei einem Verb.

Übersetze und achte dabei auf die unterschiedlichen „kleinen“ Wörter (insb. Adverbien) (ÜBUNG 4 A):

04

1. Servus **nondum** laborat.	
2. Servus **non** laborat.	
3. Servus **nunc** laborat.	
4. Servus **nunc non** laborat.	

5. Servus **iam** laborat.	
6. Servus **iam diu** laborat.	
7. Servus **paulum** laborat.	
8. Servus **tandem** laborat.	
9. Servus **prope** laborat.	
10. Servus **ibi** laborat.	

11.Servus **hic** laborat.	
12.Servus **tum** laborat.	

Übersetze nun aus dem Deutschen (ÜBUNG 4 B):

04

1. Der Sklave arbeitet ein wenig.	

2. Der Sklave arbeitet endlich.	
3. Der Sklave arbeitet dort.	
4. Dann arbeitet der Sklave.	
5. Der Sklave arbeitet hier.	
6. Der Sklave arbeitet in der Nähe.	
7. Der Sklave arbeitet jetzt nicht.	
8. Der Sklave arbeitet jetzt.	
9. Der Sklave arbeitet nicht.	
10.Der Sklave arbeitet noch nicht.	

11.Der Sklave arbeitet schon.	
12.Der Sklave arbeitet schon lange.	

Übersetze folgende Sätze (ÜBUNG 4 C):

04

1. Tandem populus accedit.	
2. Mercatores accedunt.	
3. Amicae rident, sed servus non ridet.	
4. Senatores hic sedent et diu tacent.	
5. Nemo ridet.	
6. Quis ridet ?	
7. Cur tacent ?	

8. Hic nemo sedet, ibi nemo stat.	
9. Statua non placet.	

10. Templa non placent.	
11. Quis vos (vos= euch) mittit ?	
12. Cur vos (vos= euch) mittit ?	
13. Cur vos (vos= euch) mittunt ?	

Übersetze nun aus dem Deutschen ins Lateinische (ÜBUNG 4 D) :

04

1. Die Freundinnen lachen, aber der Sklave lacht nicht.	
2. Die Kaufleute kommen hinzu.	
3. Die Senatoren sitzen hier und schweigen lange.	
4. Die Statue gefällt nicht.	
5. Die Tempel gefallen nicht.	
6. Endlich kommt das Volk herbei.	
7. Hier sitzt niemand, dort steht niemand.	
8. Niemand lacht.	
9. Warum schicken sie euch (euch = vos)?	

10. Warum schickt er euch (euch = vos) ?	
11. Warum schweigen sie ?	
12. Wer lacht ?	
13. Wer schickt euch (euch = vos) ?	

ÜBUNGEN ZUM IMPERATIV I UND ZUM VOKATIV

Übersetze ins Lateinische ! (ÜBUNG 5 A):

05

1. Tritt ein, Herr !	
2. Schweige, Claudia !	
3. Arbeite, Spurius !	
4. Komm her, Markus !	
5. Arbeitet, Sklaven !	
6. Kommt herbei, Hausherren !	

7. Sieh hin !	
8. Der Kaufmann ruft laut: „Komm her und kaufe !"	
9. Beeile dich, Tochter !	
10. Beeilt euch, Freunde !	
11. Freue dich, Cynthia !	
12. Sei ein Freund, Spurius !	

13. Seid Freunde, Spurius und Markus !	
14. Der Herr schreit: „Sucht dort, Sklaven !“	
15. Der Herr ruft laut: „Suche dort, Sklave !“	
16. Komm herbei und tritt ein, Tochter!	
17. Seht !	
18. Seht hin !	
19. Komm her, tritt ein, freue dich, lache, Hausherrin !	
20. Tretet ein und freut euch und lacht, Freundinnen !	

Übersetze ins Deutsche (ÜBUNG 5 B) :

05

1. Accede et intra, filia !	
2. Accede, Marce !	
3. Intrate et gaudete et ridete, amicae !	
4. Dominus clamat: „Quaere ibi, serve !“	
5. Dominus clamat: „Quaerite ibi, servi !“	
6. Es amicus, Spuri !	
7. Este amici, Spuri et Marce !	

8. Gaude, Cynthia!	
9. Intra, domine !	
10.Labora, Spuri !	
11.Laborate, servi !	
12.Mercator clamat: „Accede et eme !“	
13.Propera, filia !	
14.Properate, amici !	
15.Specta !	
16.Spectate, mercatores!	
17.Tace, Claudia !	
18.Videte!	

ÜBUNGEN ZUM AKKUSATIV

Den „vierten Fall“ oder „Wen-Fall“ nennen wir Akkusativ.

Nach dem Akkusativ fragt man **„wen oder was ?“**

Achtung!
Nicht verwechseln mit: *„wer oder was ?“*, die Frage *„wer oder was?“* ist die Frage nach dem Nominativ (erster Fall, Lektion 2).

Schreibe nun die folgenden Substantive als **Akkusativ**objekt (ÜBUNG 6 A):
Vorsicht! Achte dabei auch auf den richtigen **Numerus**, also darauf, ob das Substantiv im Singular oder im Plural steht)!

06

a) domini →	b) equus →
c) puella →	d) pecunia →
e) ornamentum →	f) domina →
g) servus →	h) porta →
i) populi →	j) filiae →
k) taberna →	l) amici →
m) servi →	n) tabernae →
o) filius →	p) forum →
q) ornamenta →	r) basilicae →
s) amicae →	t) amica →
u) aurum →	v) equi→

Übersetze ins Deutsche (ÜBUNG 6 B) :

06

1. Servi monumentum aedificant.	
2. Domina statuam portat.	
3. Domina ornamentum emit, dominus pecuniam dat.	

4. Puellae equos spectant.	
5. Equos amant.	
6. Serva dominam non timet.	

7. Spurius aurum tangit.	
8. Servus equum retinet, nam puella equos timet.	
9. Dominae pecuniam retinent, nam ornamenta non placent.	

10. Marcus et Spurius adsunt. Templa et basilicas vident et servum interrogant: „Quis templa aedificat ?“	
11. Puellam vocant.	
12. Claudia dominam et servos salutat.	
13. Amicus argentum spectat.	
14. Mercatores ornamenta emunt.	
15. Equi frumentum portant.	
16. Claudia puella Marcum amicum vocat.	

17. Subito servi Quintum filium vident.	

18. Quis equos timet ? Nemo equos timet.	

19. Clamor equos sollicitat, nam equi populum timent.	
20. Et amici et puellae Claudiam salutant.	
21. Claudia et amicos et puellas salutat.	

Übersetze nun ins Lateinische (ÜBUNG 6 C):

06

1. Claudia (be)grüßt die Hausherrin und die Sklaven.	
2. Claudia grüßt sowohl die Freunde als auch die Mädchen.	
3. Das Geschrei beunruhigt die Pferde, denn die Pferde fürchten die Volksmenge.	
4. Das Mädchen Claudia ruft den Freund Markus.	
5. Der Freund betrachtet das Silber.	
6. Der Sklave hält das Pferd zurück, denn das Mädchen fürchtet die Pferde.	

7. Die Hausherrin bringt eine Statue.	
8. Die Hausherrin kauft ein Schmuckstück, der Hausherr gibt das Geld.	
9. Die Hausherrinnen behalten das Geld, denn die Schmuckstücke gefallen nicht.	

10. Die Kaufleute kaufen Schmuckstücke.	
11. Die Mädchen betrachten die Pferde.	
12. Die Pferde tragen das Getreide.	
13. Die Sklaven bauen ein Denkmal.	
14. Die Sklavin fürchtet die Hausherrin nicht:	

15. Markus und Spurius sind da. Sie sehen Tempel und Markthallen und fragen den Sklaven: „Wer baut die Tempel ?“	

16. Plötzlich sehen die Sklaven den Sohn Quintus.	
17. Sie lieben die Pferde.	

18. Sie rufen das Mädchen.	
19. Sowohl die Freunde als auch die Mädchen grüßen Claudia.	
20. Spurius berührt das Gold.	
21. Wer fürchtet die Pferde? Niemand fürchtet die Pferde.	

Übersetze ins Deutsche (ÜBUNG 7 A): Auf dem Forum

07

1. Xanthippus servus Marcum videt et clamat: „Da locum ! Saluta senatores !“	______ ______ ______
2. Spurius et Flavus servi Marcum et Claudiam vident et clamant: „Date locum ! Salutate senatores !“	______ ______ ______ ______
3. Turba statim locum dat, nam senatores accedunt. Denique turba clamat: „Spectate senatores !”.	______ ______ ______ ______

4. Dum Licinius senator curiam petit, populus senatorem salutat.	______ ______ ______

5. Senator populum salutat et servos dimittit.	
6. Dum servi discedunt, senator etiam mercatores videt et salutat.	

7. Populus prope stat et verba vocat :	
8. „Salve, senator !“	
9. Denique clamor senatorem sollicitat, nam senator verba et clamorem non amat.	
10. Itaque subito tacet et statim curiam intrat.	

→

Übersetze nun den selben Text „andersherum“, also ins Lateinische, ohne die vorangegangene Aufgabe zuhilfe zu nehmen ! (ÜBUNG 7 B):

07

1. Der Sklave Xanthippus sieht Markus und ruft laut : „Mache Platz ! Grüße die Senatoren !“	______ ______ ______
2. Die Sklaven Spurius und Flavus sehen Markus und Claudia und rufen laut : „Macht Platz ! Grüßt die Senatoren !“	______ ______ ______ ______

3. Die Menschenmenge macht sofort Platz, denn die Senatoren kommen herbei/hinzu. Schließlich ruft die Menschenmenge laut: „Betrachtet die Senatoren !“	______ ______ ______ ______
4. Während der Senator Licinius die Kurie aufsucht, grüßt das Volk den Senator.	______ ______ ______

5. Der Senator grüßt das Volk und schickt die Sklaven weg.	______ ______ ______

6. Während die Sklaven weggehen, sieht der Senator auch die Kaufleute und grüßt.	
7. Das Volk steht in der Nähe und ruft die Worte:	

8. „Sei gegrüßt, Senator !"	
9. Zuletzt erregt das Geschrei den Senator, denn der Senator liebt die Worte und das Geschrei nicht.	

10. Deshalb schweigt er plötzlich und betritt sofort die Kurie.	

☺📖📖📖

Wandle folgende Aussagesätze in Befehlssätze um (ÜBUNG 7 C):

07

Aussagesatz	Befehlssatz	Befehlssatz deutsch
1. Marcus tacet.	Tace, Marce !	Schweig, Markus !
2. Turba locum dat.		
3. Senatores properant.		
4. Spurius mercator tabernam intrat.		
5. Domina ornamenta emit.		
6. Servi aurum quaerunt.		
7. Claudia pecuniam mittit.		
8. Flavius servus statim hic est.		
9. Marcus et Gaius amici sunt.		

PRÄPOSITIONEN

Im Deutschen wie im Lateinischen gibt es kleine Wörterchen, die meist vor einem Substantiv stehen und immer einen bestimmten Kasus nach sich ziehen. Diese Wörterchen nennt man **Präpositionen**.

Beispiel **im Deutschen** :
„aus" hat im Deutschen den Dativ (*aus* ***wem*** *?*) nach sich, es heißt also „aus der Kurie".

Aber Achtung !! Auf Lateinisch heißt das deutsche *„aus"* **„ex"**, und diese lateinische Präposition „ex" hat nicht etwa wie das deutsche *„aus"* den Dativ nach sich, sondern den **Ablativ** ! „aus der Kurie" heißt also „ex curi**a**" (Abl.!)

Deshalb darf man, wenn man eine Präposition übersetzt, nie abfragen !

- Wenn du den Ausdruck „aus der Kurie" übersetzt, darfst du also **nicht fragen *„aus wem?"* und dann „ex" mit dem Dativ verwenden (das wäre falsch!!)**.
- Du musst vielmehr sagen: „ex" geht mit dem Ablativ, also heißt es „ex curia" (dann ist es richtig).

Mit dem Akkusativ geht die Präposition „ad" (=an, bei, nach, zu).

Mit dem Ablativ gehen die Präpositionen „a"/ „ab" (=von; von...her), „e"/„ex" (=aus; von...her), „de" (=von; von...her; von...herab; über) und „cum" (=mit; zusammen mit).

Die lateinische Präposition **„in"**
- geht mit dem Akkusativ, wenn man fragt „wohin?"
- und mit dem Ablativ, wenn man fragt „wo?".

Eine Feinheit für „Einserschüler“:

Wenn du übersetzen sollst „von der Markthalle her“, gibt es mehrere Möglichkeiten, die alle richtig sind: „a basilica“ / „ab basilica“ / „e basilica“ / „ex basilica“ / „de basilica“.

Wenn man ganz genau ist, erkennt man trotzdem kleine Unterschiede in der Bedeutung:

A/ab basilica properat.	Er eilt von der Markthalle her. (egal, ob er drin war oder nicht)
E/ex basilica properat.	Er eilt von der Markthalle her. (<u>oder</u>: ...aus der Markthalle (heraus).) (er war also vorher drin)
De basilica properat.	Er eilt von der Markthalle her. (<u>oder</u>: ...von der Markthalle herab.) (die Markthalle liegt weiter oben)

Wenn dir die nachfolgenden Beispiele nicht hundertprozentig klar sind, schreibe sie bitte auf Vokabelkarten zum Einüben !

Er eilt in den Tempel.	In templum properat.
Er ist auf dem Tempel.	In templo est.
Er ist im Tempel.	In templo est.
Er eilt vom Tempel herab.	De templo properat.
Er eilt auf der Straße.	In via properat.
Er eilt auf die Straße.	In viam properat.
Er sitzt auf dem Pferd.	In equo sedet.
Er eilt zum Pferd.	Ad equum properat.
Er eilt aus dem Tempel (heraus).	Ex templo properat.
Er lacht mit den Freunden.	Cum amicis ridet.
Er verhandelt über die Preise.	De pretiis agit.

<u>Übersetze nun selbst (ÜBUNG 8 A) :</u>

08

1. Aus der Kurie eilen sie zum Marktplatz.	
2. Die Herren eilen in den Tempel.	

3. Die Herren steigen zum Forum herab.	
4. Die Senatoren treten mit Marcus ein.	
5. Die Sklaven eilen zur Kurie.	
6. Die Sklaven tragen Getreide ins Forum.	
7. Er eilt auf den Tempel.	
8. Er eilt auf der Straße.	

9. Er eilt auf die Straße.	
10. Er eilt aus dem Tempel (heraus).	
11. Er eilt aus der Kurie auf das Forum.	
12. Er eilt in den Tempel.	
13. Er eilt vom Tempel herab.	
14. Er eilt zum Pferd.	
15. Er ist auf dem Tempel.	

16. Er ist im Tempel.	
17. Er kommt zu einem Kaufmann hin(zu).	
18. Er lacht mit den Freunden.	

19. Er sitzt auf dem Pferd.	
20. Er verhandelt über die Preise.	
21. Getreide liegt auf der Straße.	
22. Sie betrachtet mit Markus die Senatoren.	
23. Sie bringen die Senatoren vom Tempel zur Kurie.	
24. Sie kaufen mit den Sklaven Schmuck.	
25. Sie machen Geschäfte auf dem Forum.	
26. Sie treten mit den Herren ein.	

Übersetze jetzt aus dem Lateinischen ins Deutsche (ÜBUNG 8 B):

08

1. Ad equum properat.	
2. Ad mercatorem accedit.	
3. Cum amicis ridet.	

4. Cum dominis intrant.	
5. Cum Marco senatores spectat.	
6. Cum servis ornamentum emunt.	

7. De pretiis agit.	
8. De templo properat.	
9. Domini ad forum descendunt.	
10. Domini in templum properant.	
11. E (*oder* ex) curia in forum properat.	

12. Ex curia ad forum properant.	
13. Ex templo properat.	
14. Frumentum in via iacet.	
15. In equo sedet.	

16. In foro negotia agunt.	
17. In templo est.	
18. In templum properat.	
19. In via properat.	
20. In viam properat.	
21. Senatores ab templo ad curiam portant.	
22. Senatores cum Marco intrant.	

23. Servi ad curiam properant (<u>*oder*</u> servi curiam petunt).	
24. Servi frumentum in forum portant.	

<u>Übersetze (ÜBUNG 8 C):</u>

1) Die Sklaven tragen den Senator von dem Tempel zur Kurie.

____

2) Auch der Kaufmann kommt mit dem Sklaven herbei und grüsst den Senator.

____

3) Die Senatoren eilen aus den Markthallen in die Kurie.

____

4) Während die Senatoren eine Beratung in der Kurie halten, treiben die Kaufleute Geschäfte auf dem Marktplatz.

____

5) Manchmal kommt das Volk zu dem Wirtshaus hin, manchmal geht es von dem Marktplatz weg.

____

6) Die Herren eilen mit den Sklaven zum Markt(platz).

____

7) Sie kaufen Getreide in den Läden und verhandeln immer über den Preis.

____

8) Der Kaufmann verlangt von Syrus Geld.

____

PRÄPOSITIONEN (TEIL 2)

Wenn dir die nachfolgenden Beispiele nicht hundertprozentig klar sind, schreibe sie wieder auf Vokabelkarten zum Einüben !

Er ist auf dem Baum.	In arbore est.
Er eilt auf den Baum.	In arborem properat.
Er eilt zum Baum.	Ad arborem properat.
Er ist beim Baum.	Ad arborem est.
Er steigt vom Baum herab.	De arbore descendit.

Übersetze nun selbst (ÜBUNG 9 A) :

1. Der Vogel (avis) fliegt (volare = fliegen) auf den Baum und ruht dort aus. Deshalb fliegt er immer dorthin.

____

____

____

2. Die Frau eilt zu den Bäumen, wo die Pferde stehen. Sie fragt: „Warum haben die Pferde kein (=nicht) Getreide ?“ Dann geht sie nachhause weg und bringt Getreide.

____

____

____

____

3. Der Affe (simia) sitzt auf dem Baum. Er ist weit weg von der Straße. Er steigt ohne Furcht vom Baum herab. Das Mädchen freut sich und lacht mit dem Affen.

4. Der Lärm hält die Händler von der Arbeit ab. Deshalb arbeiten sie nicht und verhandeln nicht mit dem Herrn über den Preis. Inzwischen trägt ein Händler Gold und Silber und Getreide auf den Schultern nachhause. Er lacht über die Arbeit.

Übersetze jetzt aus dem Lateinischen ins Deutsche (ÜBUNG 9 B):

09

1. Simia (der Affe) in arbore sedet. Procul a/ab via est. Sine timore de arbore descendit. Puella gaudet et cum simia ridet.

2. Clamor mercatores a/ab labore prohibet. Itaque non laborant et cum domino de pretio non agunt. Interea mercator aurum et argentum et frumentum in umeris domum portat. De labore ridet.

3. Avis (der Vogel) in arborem volat (volare = fliegen) et ibi quiescit. Itaque semper illuc volat.

4. Femina ad arbores properat, ubi equi stant. Interrogat: „Cur equi frumentum non habent ?“ Tum domum discedit et frumentum portat.

PRÄDIKAT MIT INFINITIV

Das Prädikat (= das Verbum des Hauptsatzes) ist immer ein Verbum in einer konjugierten (=gebeugten) Form (z.B. er/sie/es singt; wir singen u.s.w.).

Ein Infinitiv (= Grundform) eines Verbums kann niemals das Prädikat sein (z.B. bellen = zu bellen), weil man mit einem Infinitiv allein keinen Satz bilden kann (der Hund „zu bellen" – geht nicht, kein Satz; der Hund bellt = ein Satz.).

In manchen Sätzen besteht aber das Prädikat aus einem konjugierten Verb **und** einem Verb im Infinitiv, z.B. Der Hund will bellen; der Hund versucht zu bellen. „Bellen" steht hier im Infinitiv, das Prädikat heißt „er/sie/es will" bzw. „er/sie/es versucht".

Dies ist im Lateinischen genauso wie im Deutschen. Also: Nur das Prädikat wird konjugiert (richtige Person, richtiger Numerus), der zusätzliche Infinitiv bleibt unverändert !

Im Lateinischen steht allerdings, wie du weißt, das Prädikat selbst fast immer am Ende des Satzes.

Er/sie/es zögert *zu gehorchen.*	*Parere* cessat / *parere* dubitat.
Sie zögern *zu gehorchen.*	*Parere* cessant / *parere* dubitant.

Wenn dir diese Beispiele nicht hundertprozentig klar sind, schreibe sie bitte auf Vokabelkarten zum Einüben !

Übersetze (ÜBUNG 10 A) :

10

1. Servus furem comprehendere studet.	
2. Serva laborare non cessat.	
3. Puellae equos tangere timent.	
4. Populus deam salutare non dubitat.	

5. Vibidia in templo esse debet.	
6. Servus parere non dubitat.	
7. Licinius senator curiam petere debet.	

8. Servi dominum salutare debent.	

9. Mercatores de pretio agere non dubitant.	
10. Claudia amica amicum reprehendere non cessat.	
11. Servi monumenta aedificare debent.	
12. Domina filiam ornamenta emere prohibet.	

Übersetze (ÜBUNG 10 B) :

10

1. Das Volk zögert nicht die Göttin zu (be)grüßen.	

2. Der Senator Licinius muss die Kurie aufsuchen.	
3. Der Sklave bemüht sich den Dieb festzunehmen.	

4. Der Sklave zögert nicht zu gehorchen.	
5. Die Freundin Claudia zögert nicht den Freund zu kritisieren.	
6. Die Herrin hindert die Tochter Schmuckstücke zu kaufen.	
7. Die Kaufleute zögern nicht über den Preis zu verhandeln.	
8. Die Mädchen haben Angst die Pferde zu berühren.	
9. Die Sklaven sollen den Herrn grüßen.	

10. Die Sklaven müssen Denkmäler bauen.	
11. Die Sklavin zögert nicht zu arbeiten.	
12. Vibidia muss im Tempel sein.	

ÜBUNGEN ZUM ABLATIV

Den Ablativ nach einer Präposition kennst du schon (z.B. sine timore = ohne Furcht).

Der Ablativ kann aber auch „alleine“, also ohne Präposition stehen.

Lies hierzu gründlich im Buch den Abschnitt über den ABLATIV DES MITTELS (Frage: Womit ?, wodurch ?) und den ABLATIV DES GRUNDES (Frage: Worüber ?, weshalb ?).

Eine Besonderheit:

- **„mit“ bei Personen** heißt **„cum“** mit Ablativ,
  also: mit dem Sklaven Markus = **cum** Marco servo
- **„mit“ bei Sachen und allen Begriffen, die keine Personen sind**:
  meistens bloßer **Ablativ des Mittels** (Frage: Womit?) ohne „cum“!
  also: mit Angst = timore (= bloßer Ablativ des Mittels)

Übersetze (ÜBUNG 10 C) :

10

1. Turba senatorem clamore sollicitat.	
2. Dominus servos verbis monet.	
3. Domina pecunia gaudet.	
4. Puella equum timore spectat.	

5. Vesta dea populum ab iniuria servat.	
6. Dominus filiam et filium a flammis servat. Auxilio gaudent.	
7. Domina aurum probat et emere non dubitat. Itaque mercator pecuniam petit.	
8. Turba senatorem verbis violat.	

Übersetze (ÜBUNG 10 D) :

10

1. Das Mädchen betrachtet das Pferd mit Angst.	
2. Der Herr mahnt die Sklaven mit Worten.	

3. Der Herr rettet die Tochter und den Sohn vor den Flammen. Sie freuen sich über die Hilfe.	
4. Die Göttin Vesta bewahrt das Volk vor Unrecht.	
5. Die Herrin befindet das Gold für gut und zögert nicht (es) zu kaufen. Deshalb verlangt der Kaufmann Geld.	
6. Die Herrin freut sich über das Geld.	
7. Die Menschenmenge beunruhigt den Senator mit Geschrei.	
8. Die Menschenmenge verletzt den Senator mit Worten.	

DIE KONJUGATION DER VERBEN

Das „KONJUGIEREN“ eines Verbums bedeutet: Seine **verschiedenen Formen in den verschiedenen Personen der Reihe nach aufsagen** !

Also: Wenn du das Verbum „singen“ auf Deutsch im Präsens (Gegenwart) **konjugieren** sollst, sagst du : *„ich singe, du singst, er/sie/es singt, wir singen, ihr singt, sie singen“.*

Das lateinische Verbum für „rufen“ (vocare) konjugiert man also: *„voco, vocas, vocat, vocamus, vocatis, vocant“ („ich rufe, du rufst, er/sie/es ruft“* usw.).

Gleichzeitig bedeutet das Wort „KONJUGATION“ eine **Art von Verben**:

Jedes Verbum gehört zu **einer** bestimmten Art (Konjugation); z.B. „voco, vocas, vocat“ (Infinitiv: vocare) gehört zur a-Konjugation.

> Dass das Verbum „vocare“ zur **a-**Konjugation gehört, siehst du bereits an dem „a“ im Infinitiv (vocare).

Schwieriger ist es bei den Verben, deren Infinitiv mit **„-ere“** aufhört **!!**

Wenn im Infinitiv das „e“ lang geprochen ist (in deinem Buch ist dann ein Strichlein über dem „e“), gehört das Verbum zur **e-**Konjugation; z.B. debere .

Die Infinitive der e-Konjugation mußt du unbedingt mit der richtigen Betonung lernen:

(„debere, debeo“)

Wenn das Verbum zur **e-**Konjugation gehört,

- endet die 1.Person Singular auf „-eo“;
  also: debeo = ich muss, ich soll;
- die 3.Person Singular auf „-et“;
  also: debet = er/sie/es muss, soll

Die Verben der **konsonantischen Konjugation** enden im Infinitiv ebenfalls auf **„-ere"**, beide „e" sind aber kurz und unbetont !

Auch die Infinitive der konsonantischen Konjugation musst du also unbedingt mit der **richtigen Betonung** lernen:

(„t**a**ngere, tango")

Wenn das Verbum zur **konsonantischen** Konjugation gehört,

- endet die 1.Person Singular auf **„-o"** (nicht „–eo"!);
  also: tang**o** = ich berühre;
- die 3.Person Singular auf „-**i**t" (nicht „–et"!);
  also: tang**it** = er/sie/es berührt

An diesen genannten Unterschieden (deb**e**o=ich muss; tango=ich berühre; deb**e**t=er/sie/es muss; tang**i**t=er/sie/es berührt) siehst du bereits, dass du bei **jedem Verbum wissen musst, zu welcher Konjugation es gehört**, sonst kannst du die richtige lateinische Form nicht bilden.

Das Hilfsverb „esse" (=sein) wird unregelmäßig konjugiert (sum, es, est usw.).

Lerne die Konjugationstabellen im Buch (**Seite 157 und 158**) gründlich !

Übersetze nun die folgenden Verbformen ins Lateinische
(ÜBUNG 11 A):

11

1. du erfreust	

2. du gehst Geschäften nach	
3. du schenkst	

4. du bist ein Sklave	
5. du vermisst	
6. wir erfreuen	

7. du verlangst	
8. wir gehen Geschäften nach	
9. wir sehnen uns nach	
10. wir schenken	
11. ihr seid Sklaven	
12. wir fordern	
13. ihr ermahnt	
14. du mahnst	
15. du hältst ab	

16. wir mahnen	
17. ich verlange	
18. ihr sollt	
19. du bemühst dich	
20. du bist abwesend	
21. du gehorchst	
22. ihr fehlt	
23. du musst	
24. ihr bemüht euch	
25. ihr richtet euch nach	
26. wir müssen	

27.wir gehorchen	
28.ihr ruht(aus)	
29.du ergreifst	
30.du schläfst	
31.ihr begreift	

Übersetze nun die Verbformen ins Deutsche
(ÜBUNG 11 B):

11

1. comprehendis	
2. comprehenditis	
3. debemus	
4. debes	
5. debetis	
6. dees	
7. deestis	
8. delectamus	
9. delectas	
10.desideramus	
11.desideras	
12.donamus	

13.donas	
14.monemus	
15.mones	
16.monetis	
17.negotia agimus	
18.negotia agis	
19.paremus	
20.pares	
21.paretis	
22.poscimus	
23.poscis	
24.posco	
25.prohibes	
26.quiescis	
27.quiescitis	
28.servi estis	
29.servus es	
30.studes	
31.studetis	

Übersetze aus dem Lateinischen (ÜBUNG 11 C):

1. Quid quaeritis ?	
2. Quid petitis ?	
3. Quid emitis?	
4. Aurum quaero.	
5. Recte filiam mones.	
6. Servi bene laborant.	
7. Domina e/ex mercatore pretium quaerit.	
8. Neque aurum neque argentum habes.	
9. Dominus dominam et filiam donis delectat	
10. Domina donis gaudet ; filia item gaudet.	
11. Servae nuptias parare debent.	
12. Servae semper parere debent.	
13. Ego dominus sum, Balbus servus est.	
14. Balbus laborare debet, quia servus est.	

ÜBUNG ZUM IMPERATIV (Befehlsform)

Steht das Prädikat in der Befehlsform (Imperativ I) (siehe Buch Lektion 5), dann steht es –anders als sonst- meist **am Anfang** des lateinischen Satzes !

Also: Aussagesatz: Servus laborat. = Der Sklave arbeitet.
Imperativsatz: Labora, serve ! = Arbeite, Sklave !

Übersetze ins Lateinische (ÜBUNG 11 D)

11

1. Handelt richtig, Freunde !	
2. Kaufe Getreide, Sklave !	
3. Trage das Gold hierher und kaufe die Schmuckstücke !	
4. Bereite die Hochzeit vor, Gaius !	
5. Gehorche, Claudia !	
6. Erfreut die Töchter mit Geschenken !	
7. Freut euch, Töchter, über die Geschenke !	
8. Frage den Händler sofort nach dem Preis !	

9. Fordere weder Geld noch Gold noch Silber, Dieb !	
10. Lasst die Sklaven endlich frei, Herren !	
11. Eile dorthin und prüfe den Weg !	
12. Haltet eine Beratung in der Kurie ab, Senatoren !	

ÜBUNG ZUR i-KONJUGATION

Du weißt bereits, was eine KONJUGATION ist (= eine **Art** von Verben). Nun folgt eine weitere Konjugation, die i-Konjugation.

Übersetze die folgenden Verbformen (ÜBUNG 12 A):

1. veniunt	
2. auditis	
3. venitis	
4. audite !	

5. audiunt	
6. scio	
7. venite !	
8. sentis	
9. audi !	
10.venit	
11.sciunt	
12.audit	
13.veni!	
14.sentitis	
15.sentiunt	

16.scitis	
17.scit	

Übersetze nun „andersherum“ (ÜBUNG 12 B):

12

1. sie verstehen	
2. sie kommen	
3. sie hören	
4. sie meinen	
5. kommt !	
6. komm !	
7. ihr wisst	
8. ihr kommt	
9. ihr hört	
10.ihr nehmt wahr	
11.ich kenne	
12.hört !	
13.höre !	
14.er/sie/es weiß	
15.er/sie/es kommt	
16.er/sie/es hört	
17.du fühlst	

Übersetze ins Lateinische: In der Subura (ÜBUNG 12 C):

12

1) Der Herr: „Ich liebe (es) nicht in der Subura zu sein, denn ich sehne mich nicht (danach) in Gefahr zu gelangen (= zu kommen)."
2) Aber der Sohn und die Tochter nehmen die Gefahren nicht wahr und sehnen sich danach, in der Subura Schmuckstücke zu betrachten.
3) Nun sind sie tatsächlich in der Subura und hören Stimmen und sehen die Menschenmenge.
4) In der Nähe ist Geschrei.
5) Plötzlich aber sehen sie einen alten Mann auf der Straße.
6) Der alte Mann betrachtet die Speisen in einem Wirtshaus.
7) Das (einfache) Volk schimpft den alten Mann mit Worten, weil er die Speisen haben will, aber kein Geld (= nicht Geld) hat: „He ! Geh sofort weg !"
8) Wiederum ruft das (einfache) Volk laut: „Wir sehen Diebe bei der Markthalle. Nehmt die Diebe fest !"
9) Die Diebe sehen das (einfache) Volk und gehen weg.

PRÄDIKAT MIT INFINITIV (Teil 2)

Viele Schüler haben Schwierigkeiten damit, wenn in einem Satz ein **Infinitiv** vorkommt (vgl. Grammatik Lektion 10), z.B. zu kommen / zu singen usw.

Übersetze hierzu selbst (ÜBUNG 12 D) :

12

1. Du sehnst dich (danach) nachhause zu kommen.	
2. Er sehnt sich (danach) den Freund zu sehen.	
3. Ich beeile mich den Dieb zu ergreifen.	

4. Der Dieb zögert vom Baum herabzusteigen.	
5. Ich zögere nicht den Freund zu grüßen.	
6. Der Herr bemüht sich den Sklaven zu ergreifen.	
7. Du bemühst dich Schmuckstücke zu erwerben.	
8. Ich habe vor ein Geschenk zu kaufen.	
9. Ich bitte das Mädchen Platz zu machen.	
10. Er hält Claudia (davor) zurück zu lachen.	
11. Wir lieben (es) zu schlafen.	
12. Ihr liebt (es) zu schlafen.	
13. Sie lieben (es) zu schlafen.	
14. Sie fordern den Dieb freizulassen.	

15. Ich habe vor auszuruhen.	

16. Wir haben vor auszuruhen.	
17. Ich muß kommen.	
18. Sie bitten die Göttin zu helfen.	
19. Er meint eine Stimme zu hören.	
20. Bemüht euch Marcus zu erfreuen !	

21. Du bemühst dich Marcus zu erfreuen.	
22. Die Volksmenge muss schweigen.	
23. Die Verbrecher müssen schweigen.	
24. Der Senator freut sich die Kurie aufzusuchen.	
25. Muss ich etwa nicht kommen ?	
26. Musst du etwa nicht kommen ?	
27. Müßt ihr etwa nicht kommen ?	

28.Du hast vor zu fehlen.	
29.Es gefällt zu lachen.	
30.Sie beeilen sich zu helfen.	
31.Du beeilst dich zu helfen.	
32.Er muss endlich schlafen.	
33.Wir müssen endlich schlafen.	

Eine Feinheit für „Einser-Schüler“: Achtung bei der Verneinung! Das Wörtchen **„non“** muss an die richtige Stelle:

Ihr bemüht euch, nicht zu fehlen.	(Studetis non deesse); *besser:* Non deesse studetis.
Ihr bemüht euch nicht, zu helfen.	(Non studetis adesse); *Besser:* Adesse non studetis.

Übersetze nun vom Lateinischen ins Deutsche (ÜBUNG 12 E):

1. Adesse properant.	
2. Adesse properas.	

3. Amicum salutare non cesso.	
4. Amicum videre desiderat.	
5. Claudiam ridere retinet.	
6. Deam adesse orant.	
7. Deesse paras.	
8. Dominus servum comprehendere studet.	
9. Domum venire desideras.	
10. Donum emere paro.	
11. Fur de arbore descendere cessat.	
12. Furem comprehendere propero.	
13. Marcum delectare studes.	

14.Nonne venire debeo ?	
15.Nonne venire debes ?	
16.Nonne venire debetis ?	

17.Ornamenta emere studes.	
18.Populus tac<u>e</u>re debet.	
19.Furem liberare poscunt.	
20.Locum dare puellam peto.	
21.Servi tac<u>e</u>re debent.	
22.Quiescere amamus.	
23.Quiescere amant.	
24.Quiescere amatis.	
25.Quiescere paramus.	

26.Quiescere paro.	
27.Ridere placet.	
28.Curiam petere senator gaudet.	
29.Studete Marcum delectare !	
30.Tandem quiescere debemus.	
31.Tandem quiescere debet.	
32.Venire debeo.	
33.Vocem audire sentit.	

☺☺☺☺☺☺☺

ÜBUNGEN ZUM DATIV

Den „dritten Fall“ oder „Wem-Fall“ nennen wir Dativ.

Nach dem Dativobjekt fragt man **„wem ?“**

Achtung!
1) Man fragt **nicht**: *„wem oder was ?“*, die Frage *„wem oder was?“* ist sinnlos.
2) Nicht verwechseln mit der Frage *„wen oder was ?“* (=Frage nach dem Akkusativobjekt).

Schreibe nun die folgenden Substantive als **Dativ**objekt (ÜBUNG 13 A):
Vorsicht! Achte dabei auch auf den richtigen **Numerus**, also darauf, ob das Substantiv im Singular oder im Plural steht!

13

a) senatores →	b) equus →
c) puella →	d) turba →
e) feminae →	f) dea →
g) fur →	h) iniuria →
i) mariti →	j) plebs →
k) senex →	l) amici →
m) servus →	n) mercatores →
o) filius →	p) filiae →
q) servi →	r) senator →
s) Romani →	t) deus →
u) sceleratus →	v) custos →
w) populi →	x) custodes →
y) fures →	z) domini →

ä) amicae →	ö) amica →	ü) comites →

Übersetze folgende Ausdrücke und Sätze, in denen jeweils **Dativobjekte** vorkommen (ÜBUNG 13 B):

13

1) a) Wir danken **den Göttern.** b) Wir danken **dem Freund.** c) Wir danken **den Senatoren.**

2) a) Wir begegnen **den Göttern.** b) Wir begegnen **dem Freund.** c) Wir begegnen **der Freundin.**

3) Gajus hilft **dem Sohn und der Tochter.**

4) Die Freunde danken **dem Sklaven und der Sklavin.**

5) a) Hier begegnet ihr **Dieben.** b) Dort begegnet ihr **den Senatoren.**

6) Er sagt **dem Sohn und der Tochter**: „Lebt wohl!“

7) **Dem Freund** gefällt (es) nicht hier zu sein.

8) Die Geschäfte gefallen **den Kaufleuten.**

9) Die Subura gefällt **Markus** nicht.

Übersetze nun folgende Ausdrücke, in denen jeweils **Dativobjekte** und Akkusativobjekte vorkommen (ÜBUNG 13 C):

1) a) Er erklärt **der Tochter** die Arbeit. b) Wir erklären **den Freunden** die Arbeiten. c) Sie erklären **dem Freund** den Plan.

___

___

___

2) a) Sie versprechen **den Römern** Geschenke. b) Er verspricht **dem Mädchen** ein Geschenk. c) Ich verspreche **dem Sklaven** Geld.

___

___

___

3) a) Sie bauen **den Göttern** Tempel. b) Ich baue **Gott** einen Tempel. c) Er baut **den Mädchen** ein Denkmal.

___

___

___

4) a) Wir müssen **Paulina** den Tempel zeigen. b) Ihr müsst **den Begleitern** das Bild zeigen. c) Sie müssen **dem Wächter** das Feuer zeigen.

___

___

___

DAS PERSONALPRONOMEN

Übersetze (ÜBUNG 14):

1) Ihr spielt und lacht, wir aber müssen arbeiten.	
2) Ich finde euch.	
3) a) Warum hilfst du mir heute nicht ? b) Warum helft ihr uns nicht ?	
4) a) Kommt mit mir! b) Kommt mit uns! c) Ich komme mit euch.	
5) a) Verzeih mir, oh Herr! b) Verzeih uns!	
6) Ich tadle nicht dich, sondern euch.	
7) a) Ich gehorche euch. b) Er gehorcht uns. c) Wir gehorchen dir.	

8) Ich sehe euch, aber ihr seht uns nicht.	
9) Ich bin auf dem Marktplatz, du bist im Wald.	
10) Die Freunde eilen mit mir nachhause.	
11) Erzähle uns von euch !	
12) Wenn du arbeiten musst, arbeite ich mit dir.	
13) a) Ich halte euch nicht zurück. b) Du hältst uns nicht zurück.	

14) Ich bin Römer, du bist nicht Römer.	
15) Die Geschäfte gefallen uns.	
16) Der Kaufmann gibt mir Geld.	
17) Die Menschenmenge und das Geschrei gefallen uns nicht.	
18) Sie danken uns.	

19) Wir begegnen euch.	

20) Wir begegnen dir.	
21) Ich zeige dir den Tempel.	
22) Sie versprechen uns Hilfe.	
23) Ihr erfreut uns.	
24) Ich sehne mich (Vorsicht, Falle!) nach dir. (=ich vermisse dich)	
25) Ich befinde mich (Vorsicht, Falle!) auf der Straße. (=ich bin auf der Straße)	
26) Wir bemühen uns. (Vorsicht, Falle!)	
27) Wir freuen uns. (Vorsicht, Falle !)	
28) Wir strengen uns an. (Vorsicht, Falle!)	

Achtung ! Bei den letzten Beispielen (24-28) sind die deutschen Pronomina (mich, dich, uns, euch) bereits „automatisch" im lateinischen Verbum mitenthalten, man muss sie also nicht extra übersetzen !! (z.B. laboro = ich strenge **mich** an). *Wenn dir diese Beispiele nicht hundertprozentig klar sind, schreibe sie bitte gemäß der Lösung (ÜBUNG 14) auf Vokabelkarten zum Einüben !*

ÜBUNGEN ZUM GENITIV

Nach dem Genitiv-Attribut fragt man „wessen ?“.

Im Deutschen gibt es verschiedene Möglichkeiten, einen Genitiv auszudrücken. Lasse dich davon nicht verwirren ! Egal, ob es heißt „das Haus des Großvaters“ oder „das Haus von meinem Großvater“ oder „Großvaters Haus“ – in allen diesen Fällen fragt man, wenn es um den Großvater geht, „wessen Haus ?“

Also: das Haus des Großvaters = tectum avi
das Haus von Großvater = tectum avi
Großvaters Haus = tectum avi

Übersetze (ÜBUNG 15 A):

1. die Tochter der Sklavin	
2. die Tempel der Götter	
3. die Geschäfte Roms	
4. Du siehst die Mauern der Wohnblöcke.	
5. die Geschäfte der Römer	
6. Wir sitzen im Schatten der Bäume.	
7. Das Mädchen lobt die Beschaffenheit des Ortes.	
X 8. Niemand sehnt sich nach dem Geschrei der Sklaven. (= niemand ersehnt das Geschrei der Sklaven)	
X 9. Sie freuen sich über die Geschenke der Gäste.	

Donis hospitum gaudent

10. Der Dank des Gastes erfreut das Mädchen.	
11. Es gehört sich nicht die Freunde der Familie auszulachen.	
12. Wir hören die Stimmen der Frauen.	
13. Ihr hört die Stimmen der Senatoren.	
14. Ich zeige den Freunden die Gefäße des Herrn.	
15. Ich sehe die Speisen der Dame.	
16. Der Brief von Markus erfreut mich.	
17. Der Großvater grüßt den Sohn des Freundes.	

18. Der alte Mann kritisiert den Dieb des Geldes.	
19. Wir fürchten die Gefahren des Waldes.	
20. Die Geschäfte der Kaufleute sind auf dem Forum.	
21. Das Geld des alten Mannes ist im Haus.	
22. Der Plan der Freunde gefällt mir.	
23. Ich ertrage die Sonne nicht mehr und sehne mich nach dem Schatten des Baumes.	

→

WIEDERHOLUNG:
GRAMMATIKALISCHE GRUNDBEGRIFFE:

Für das Erlernen einer Sprache –nicht nur der lateinischen- ist es absolut unverzichtbar die Grundbegriffe der Grammatik zu kennen.

Viele grammatikalische Grundbegriffe klingen ähnlich (Infinitiv, Indikativ, Imperativ), bedeuten aber etwas völlig Verschiedenes.

Deshalb musst du die grammatikalischen Grundbegriffe sicher beherrschen und darfst sie nicht verwechseln.

Prüfe selbst, ob dir die wichtigsten grammatikalischen Begriffe, die ihr bereits durchgenommen habt, klar sind, und versuche die folgende Tabelle auszufüllen (ÜBUNG W 15 A):

Lateinischer Begriff (wichtig)	**Deutscher Begriff** (nicht so wichtig)	**Erklärung, Beispiel**
Substantiv		
Verb = Verbum		
Adjektiv		
Adverb		
Numerus (Plural: Numeri)		
Singular		
Plural		
Deklination		
deklinieren		
Konjugation		

konjugieren		
Kasus (Plural: Kasus)		
Nominativ		
Genitiv		
Dativ		
Akkusativ		
Vokativ		
Ablativ		
Genus (Plural: Genera)		
Indikativ		
Präsens		
Subjekt		
Prädikat		
Attribut		
Imperativ I		
Infinitiv		
Objekt		

Präposition		
Ablativus instrumentalis		
Ablativus causae		
Personalpronomen (Plural: -pronomina)		

→

WIEDERHOLUNG: ALLE VERBEN (MIT KONJUGATION UND BEDEUTUNG) BIS LEKTION 15

Das Wichtigste bei jedem Satz ist die Satzaussage, also das Prädikat. Um das Prädikat übersetzen zu können, musst du die Bedeutungen des betreffenden Verbums kennen und auch wissen, zu welcher Konjugation es gehört (sonst kannst du nicht die richtige Verbform bilden). Deshalb hier eine „Gesamtaufstellung“ aller bisherigen Verben.

Prüfe selbst dein Wissen und fülle die Tabelle aus, ohne dein Lateinbuch zu Hilfe zu nehmen (ÜBUNG W 15 B):

Lat. Verbum	Dt. Bedeutung	**Konj.**	**1.Pers.Sing.**
accedere	herbeikommen, hinzukommen	kons.	accedo
aedificare			
agere			
amare			
appetere			
audire			
cadere			
cessare			
clamare			
colere			
componere			
comprehendere			
dare			
debere			
delectare			
deponere			
descendere			
desiderare			

desinere			
dicere			
dimittere			
discedere			
donare			

dubitare			
ducere			
exspectare			
frangere			
gaudere			
habere			
iacere			
ignoscere			
interrogare			
intrare			
invenire			
laborare			
laudare			
liberare			
ludere			
manere			
mittere			
monere			
movere			
narrare			
occurrere			
ostendere			
parare			
parere			
patere			
pellere			
permittere			

petere			
placere			
portare			
poscere			
probare			
prohibere			
promittere			
properare			
quaerere			
quiescere			
relinquere			
reprehendere			
retinere			

ridere			
salutare			
scire			
sedere			
sentire			
servare			
sollicitare			
spectare			
stare			
studere			
sustinere			
tacere			
tangere			
timere			
venire			
videre			
violare			

→

EINIGE **BESONDERHEITEN** ZU DEN VERBEN:

Wenn dir die nachfolgenden Beispiele nicht hundertprozentig klar sind, schreibe sie bitte auf Vokabelkarten zum Einüben !

Gerne werden verwechselt (also aufpassen !!):
gaudere = sich freuen **delectare** = (jemanden) erfreuen

ich freue mich = gaudeo (das „mich" darfst du nicht extra übersetzen!)
wir freuen uns = gaudemus (das „uns" darfst du nicht extra übersetzen!) u.s.w.

„ridere" hat immer den Akkusativ nach sich, egal, ob es „lachen" oder „auslachen/verlachen" heißt. Also:
vitium ridere = über einen Fehler lachen (!)
amicum ridere = den Freund auslachen

„parare" hat drei völlig verschiedene Bedeutungen, die du alle kennen musst. Beim Übersetzen aus dem Lateinischen musst du genau überlegen, welche der drei Bedeutungen passt !

1) **bereiten, vorbereiten**	2) **vorhaben**	3) **erwerben**

Mercator mullos parat.	Der Händler erwirbt Rotbarben.
Servus cenam parat.	Der Sklave bereitet die Mahlzeit vor.
Servus cenam parare parat.	Der Sklave hat vor, die Mahlzeit vorzubereiten.

„agere" kann mit verschiedenen Bedeutungen unterschiedlich konstruiert werden (Redewendungen lernen !):

de pretio agere	über den Preis verhandeln
gratias agere	danken
negotia agere	seinen Geschäften nachgehen

Beispielssätze:

Marcus negotia agit.	Markus geht seinen Geschäften nach.
Fur non bene agit.	Der Dieb handelt nicht gut.
Age recte !	Handle richtig !
Marcus Claudiae gratias agit.	Markus dankt Claudia.

veniam dare	verzeihen (wörtl.: Verzeihung geben)

„KÖNNEN", „MÜSSEN", „SOLLEN", „NICHT DÜRFEN"

Im Deutschen wie im Lateinischen gibt es Verben, die fast immer zusammen mit einem anderen Verb verwendet werden und deshalb „Hilfsverben" genannt werden; z.B. ich **kann** *singen*, du **musst** *helfen*, er **soll** *gehen*, wir **dürfen** nicht *stehlen*.

In Sätzen, in denen solche Hilfsverben vorkommen, besteht also das Prädikat

- aus einem **Hilfsverb** (das konjugiert wird, z.B. **wir müssen=debemus**)
- und einem *Infinitiv* (der unverändert bleibt, z.B. *helfen=adesse*),

- also: **wir müssen** *helfen* = *adesse* **debemus**.

Solche Prädikate mit Infinitiv kennst du schon aus Lektion 10; einige Übungen hast du bereits bei Lektion 12 gemacht (siehe dort).

Das Hilfsverb „debere=müssen, sollen" kennst du bereits (Lektion 10). Neu ist (bitte Vorsicht!) „**non** debere". „**Non** debere" heißt „nicht dürfen" !! Diese Besonderheit musst du dir merken!

Neu ist außerdem das sehr wichtige und häufige Hilfsverb „posse = können", dessen Konjugation du unbedingt lernen musst (possum, potes, potest u.s.w.).

Übersetze ins Lateinische (ÜBUNG 16 A):

16

1. Wir können euch die Denkmäler zeigen.	
2. Der Sklave muss in den Wäldern arbeiten.	
3. Wir müssen Wein kaufen.	
4. Ich kann den Geschäften auf dem Forum nachgehen.	
5. Wir können nicht in der Subura bleiben.	

6. Die Sklaven müssen dem Hausherrn gehorchen.	
7. Claudia kann uns die Gassen zeigen.	
8. Ich kann mit dir arbeiten.	
9. Ich kann euch zum Haus führen.	
10. Kannst du uns etwa nicht helfen ?	
11. Ich kann euch Wein verkaufen.	
12. Nun können wir nicht länger (=diutius) hier bleiben.	
13. Wir dürfen nicht zögern.	
14. Der Junge kann mir helfen.	
15. Die Jungen müssen den Greis begrüßen.	
16. Die Kaufleute können das Geschrei der Kinder nicht mehr ertragen.	
17. Gajus muss die Pferde zurückhalten.	
18. Du darfst die Freunde nicht auslachen.	
19. Ich muss dem Freund danken.	

Übersetze nun aus dem Lateinischen (ÜBUNG 16 B):

16

1. Amico gratias agere debeo.	
2. Amicos ridere non debes.	

3. Claudia nobis vicos ostendere potest.	
4. Dubitare non debemus.	
5. Gaius equos retinere debet.	
6. In Subura manere non possumus.	
7. Mercatores clamorem liberorum non iam sustinere possunt.	
8. Negotia in foro agere possum.	
9. Nonne nobis adesse potes ?	
10. Nunc non diutius (diutius = länger) hic manere possumus.	
11. Puer mihi adesse potest.	
12. Pueri senem salutare debent.	
13. Servi domino parere debent.	
14. Servus in silvis laborare debet.	
15. Tecum laborare possum.	
16. Vinum emere debemus.	
17. Vobis monumenta ostendere possumus.	
18. Vobis vinum vendere possum.	
19. Vos ad tectum ducere possum.	

Das ADJEKTIV

Zu den Wortarten gehört, wie du bestimmt weißt, das Adjektiv. Früher nanntest du das Adjektiv „Wie-Wort“ oder „Eigenschaftswort“. In Lektion 17 lernst du auch für das Lateinische diese Wortart kennen.

Das lateinische Adjektiv **muss in KASUS, NUMERUS und GENUS zum dazugehörigen Substantiv passen**. Bei vielen Substantiven (insbesondere von der 3. Deklination) muss man wissen, welches GENUS es hat, sonst kann man das dazugehörige Adjektiv nicht richtig bilden.

Merke außerdem: Mengen- und Zahlenangaben (nullus, pauci, nonnulli, multi u.s.w.) und „magnus“ kommen vor das Substantiv !

Übersetze ins Lateinische (ÜBUNG 17 A):

17

1. Mitten auf der Straße sehen Markus und Quintus einige Männer.	
2. Die Männer tragen verschiedene Steine.	
3. Quintus fragt einen von den Männern.	
4. Der Mann sagt: „Ich muss mit einigen Sklaven arbeiten.“	
5. Die Kinder betrachten die harten Arbeiten der Sklaven.	
6. Ein Herr befiehlt (befehlen = imperare) den elenden Sklaven zu arbeiten.	
7. Die Arbeit der elenden Sklaven erfreut mich nicht.	
8. Wir müssen den anständigen Männern danken.	

9. Die vielfältigen Arbeiten der tüchtigen Männer erfreuen mich.	
10. Ich sehe die tüchtigen Sklaven.	
11. Die tüchtigen Sklaven arbeiten manchmal im Wald, manchmal auf den Straßen, manchmal in den Gassen.	

12. Wenn es Abend ist, zeigen wir den tüchtigen Sklaven den Weg.	
13. Die alten Häuser sind nahe beim Forum.	
14. Wir sehen wenige Denkmäler in der Stadt.	
15. Ich freue mich über die kleinen Geschenke.	
16. Wir zeigen dem schönen Mädchen den Weg.	
17. Der ländliche Ort erfreut mich.	
18. Mit einigen Mädchen führe ich kleine Pferde in die Stadt.	
19. Wir befehlen (befehlen = imperare) den schönen Mädchen dem armen Mann zu danken.	

Übersetze den selben Text nun „andersherum“ (ÜBUNG 17 B):

17

1. Media in via Marcus et Quintus nonnullos viros vident.	
2. Viri saxa varia portant.	
3. Quintus unum e viris rogat.	
4. Vir dicit: „Cum nonnullis servis laborare debeo.“	
5. Liberi labores duros servorum spectant.	
6. Dominus servis miseris laborare imperat. (imperare = befehlen)	
7. Labor servorum miserorum me non delectat.	
8. Viris probis gratias agere debemus.	
9. Labores varii virorum proborum me delectant.	

10. Servos probos video.	
11. Servi probi modo in silva, modo in viis, modo in vicis laborant.	
12. Si vesper est, servis probis viam ostendimus.	
13. Tecta antiqua prope ad forum sunt.	

14. Pauca monumenta in urbe videmus.	
15. Donis parvis gaudeo.	
16. Puellae pulchrae viam ostendimus.	
17. Locus rusticus me delectat.	
18. Cum nonnullis puellis equos parvos in urbem duco.	
19. Puellis pulchris imperamus viro misero gratias agere.	

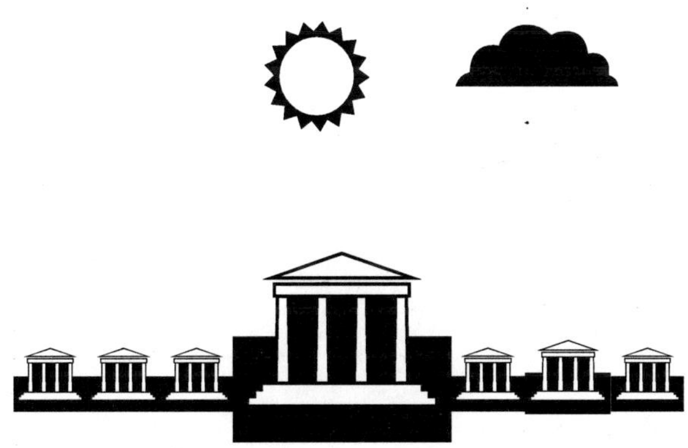

Das ADJEKTIV (Teil 2)

Du weißt bereits: **Das Adjektiv muss in KASUS, NUMERUS und GENUS zum dazugehörigen Substantiv passen (K-N-G-Regel)**. Besonders bei den Substantiven von der 3. Deklination muss man aufpassen, welches GENUS es hat, sonst kann man das dazugehörige Adjektiv nicht richtig bilden.

Wichtig: Die K-N-G-Regel (z.B. das fröhliche Mädchen = puella laet**a**) musst du auch beachten, wenn das Adjektiv mit „esse=sein" verbunden ist, also:

Das Mädchen ist im Tempel nie fröhlich. = Puella in templo numquam laet**a** est.

Gut aufpassen beim Vokativ:

Du bist fröhlich, tüchtiger Gaius. = Laetus es, Gai prob**e**.	Sei tüchtig, fröhlicher Gaius ! = Es probus, Gai laet**e** !

Übersetze (ÜBUNG 18 A):

18

1. der zufriedene Herr	
2. Der Herr ist zufrieden.	
3. die ländliche Stadt	
4. die schöne Sonne	
5. Die Sonne ist schön.	
6. das ländliche Volk	
7. der erbärmliche Ochse	
8. die erbärmlichen Ochsen	
9. die kleine Kuh	
10. die kleinen Kühe	
11. eine große Quelle	
12. wenige Quellen	

13.der schöne Berg	
14.wenige Berge	
15.kein Haus	
16.wenige Häuser	
17.eine schöne Nacht	
18.der schöne Fuß	
19.eine ländliche Hochzeit	
20.der zufriedene Gast	
21.kein Gast	
22.viele Gäste	
23.wenige Sklavinnen	
24.ein bedeutender Mann / ein großer Mann	
25.die schönen Gefäße	
26.viele Wächterinnen	
27.viele Wächter	
28.das große Haus des zufriedenen Herrn	
29.die menschenleeren Gebäude der schönen Herrin	
30.Das zufriedene Mädchen hat schöne Füße.	
31.Ich sehe einige Gäste.	

32.Er eilt mit wenigen Gästen (herbei).	
33.Der gute Sklave arbeitet.	
34.Der Sklave ist gut.	

35.Der Sklave arbeitet gut. (!)	
36.Der gute Sklave arbeitet gut.	
37.Ich sehe vieles. (!)	
38.Vieles gefällt mir. (!)	

Nun „anders herum" (ÜBUNG 18 B):

18

1. aedificia vasta dominae pulchrae	
2. bos parva	
3. bos miser	
4. boves miserae	
5. boves parvi	
6. Cum paucis hospitibus properat.	
7. dominus contentus	
8. Dominus contentus est.	
9. hospes contentus	

10.magnum tectum domini contenti	
11.magnus fons	
12.magnus vir	
13.mons pulcher	
14.multa video	
15.Mult**a** mihi plac**ent.**	
16.multae custodes	

17.multi custodes	
18.multi hospites	
19.Nonnullos hospites video.	
20.nox pulchra	
21.nullum tectum	
22.nullus hospes	
23.nuptiae rusticae	
24.pauca tecta	
25.paucae servae	
26.pauci fontes	
27.pauci montes	
28.pes pulcher	
29.plebs rustica / populus rusticus	
30.Puella contenta pedes pulchros habet.	
31.Servus bene laborat.	
32.Servus probus bene laborat.	
33.Servus probus est.	
34.Servus probus laborat.	
35.sol pulcher	
36.Sol pulcher est.	
37.urbs rustica	
38.vasa pulchra	

Die Substantive und ihr Geschlecht (Genus)

Du weißt bereits:

- Die weitaus meisten Substantive der **a-Deklination** sind **Feminina** (z.B. villa, fabula, epistula u.s.w.),
- die der **o-Deklination auf –us** sind **Masculina** (z.B. locus, umerus, populus u.s.w.),
- die der **o-Deklination auf –um** sind **Neutra** (z.B. pretium, templum, incendium u.s.w.).

Bei den Substantiven der 3. Deklination ist es nicht so einfach. Du musst deshalb bei jedem Substantiv das Genus (ist stets mit angegeben) mitlernen !!

Einige ungefähre Regeln gibt es auch für die 3. Deklination:

Substantive auf **–or** sind meist **Masculina**,
Substantive auf **–o** sind meist **Feminina**.

Besonders wichtig ist es, zu wissen, welche Substantive **NEUTRA** sind, weil bei allen Neutra immer der Nominativ und der Akkusativ gleich sind (z.B. **templum** = Nom.Sing. **und** Akk. Sing.; **templa** = Nom.Plur. **und** Akk.Plur.) und weil alle Neutra im Nominativ/Akkusativ **Plural die Endung –a** (oder –ia) haben (z.B. templa = die Tempel, pecora = die Tiere).

Folgende Merkregel solltest du auswendig können:

„-men,-minis,
-us,-oris,
-us,-eris
sind NEUTRA, was gar nicht so schwer is`.“

Du siehst: Es gibt Substantive auf **–us** von der o-Deklination (diese sind Masculina, z.B. locus) und Substantive auf **–us** (-oris) / **-us** (-eris) von der 3. Deklination (diese sind Neutra, z.B. pecus). Damit du immer weißt, zu welcher Deklination ein Substantiv gehört und welches Genus es hat, musst du **stets den <u>Genitiv dazulernen</u>:**

Also:

- locus, -i (zum Lernen sprich vollständig: **"locus, <u>loci</u>"**) = o-Deklination (die Genitiv-Endung –i zeigt, dass das Wort zur o-Deklination gehört), also gehört das Wort zu den **Masculina**.

- **onus, <u>oneris</u>** = 3. Deklination (die Genitiv-Endung –is zeigt, dass das Wort zur 3. Deklination gehört), gemäß obiger Merkregel („...-us,-eris") gehört das Wort zu den **Neutra**.

Bei den folgenden Sätzen musst du besonders auf das Genus der Substantive achten, damit du auch das dazugehörige Adjektiv im richtigen Genus übersetzt. Außerdem wird das neue Hilfsverb „velle = wollen" eingeübt:

<u>Übersetze (ÜBUNG 19 A):</u>

19

1. Die Aufgaben der Sklaven sind hart.	
2. Die Sklaven wollen harte Aufgaben nicht ertragen.	
3. Die Aufgaben der Sklaven sind verschieden.	
4. Ich will euch die übrigen Gebäude Roms zeigen.	
5. Wir wollen dir Hilfe geben.	
6. Die grausamen Sklaven führen die armen Ochsen auf die verwüsteten Felder.	
7. Wer kennt die verschiedenen Gründe des rücksichtslosen Verbrechens?	

8. Der Sklave kann die falschen Beschuldigungen des schlechten Herrn nicht begreifen.	
9. Was willst du, Herr?	
10. Warum nimmst du die bedeutende Aufgabe nicht auf dich?	
11. Wir wollen euch immer gehorchen.	
12. Die anständigen Sklaven wollen dem erbärmlichen Herrn selten gehorchen.	
13. Mit meinem harten Körper ertrage ich viele harte Arbeiten.	

14. Ich fürchte die schlechten Bedingungen der bitteren Arbeit nicht.	
15. Wer löscht den schlimmen Brand (aus)?	
16. Du willst nicht viele Wörter sagen.	
17. Gehorche und sei gut, Gaius !	
18. Gehorcht und seid gut, Claudia und Livia !	
19. Der kleine Junge will dem tüchtigen Großvater danken.	
20. Ihr wollt uns nicht mit lauter Stimme danken.	

21. Sie wollen von uns Hilfe erbitten.	
22. Die schlimmen Wunden und die unglückliche Lage des Tieres erschrecken uns.	
23. Die linke Seite des alten Gebäudes ist menschenleer.	

Übersetze nun ins Deutsche (ÜBUNG 19 B):

19

1. A nobis auxilium petere volunt.	
2. Cetera aedificia Romae vobis ostendere volo.	
3. Condiciones malas laboris acerbi non timeo.	
4. Corpore duro multos labores duros sustineo.	

5. Cur magnum munus non suscipis?	
6. Latus sinistrum aedificii antiqui vastum est.	
7. Multa verba dicere non vis.	
8. Munera servorum dura sunt.	
9. Munera servorum varia sunt.	

10.Nobis magna voce gratias agere non vultis.	

11.Pare et es probus, Gai !	
12.Parete et este probae, Claudia et Livia !	
13.Puer parvus avo probo gratias agere vult.	
14.Quid vis, domine ?	
15.Quis causas varias criminis acerbi scit ?	
16.Quis incendium malum exstinguit ?	
17.Servi acerbi boves miseras in agros vastos ducunt.	
18.Servi munera dura sustinere non volunt.	
19.Servi probi domino misero raro parere volunt.	
20.Servus crimina sinistra domini mali comprehendere non potest.	
21.Tibi auxilium dare volumus.	
22.Vobis semper parere volumus.	
23.Vulnera mala et condicio misera pecoris nos terrent.	

Vervollständige die nachstehenden Tabellen (ÜBUNG 19 C)!

Überlege jeweils genau, **zu welcher Deklination** das Substantiv gehört und **welches Genus** es hat. Erst dann kannst du mit dem Ausfüllen beginnen:

Singular		Plural	
Nom.	suspicio acerba	**Nom.**	
Gen.		**Gen.**	
Dat.		**Dat.**	
Akk.		**Akk.**	
Abl.		**Abl.**	

Übersetzung: suspicio acerba = ______________________________

Singular		Plural	
Nom.	vulnus malum	**Nom.**	
Gen.		**Gen.**	
Dat.		**Dat.**	
Akk.		**Akk.**	
Abl.		**Abl.**	

Übersetzung: vulnus malum = ______________________________

Singular		Plural	
Nom.	vir probus	**Nom.**	
Gen.		**Gen.**	
Dat.		**Dat.**	
Akk.		**Akk.**	
Abl.		**Abl.**	

Übersetzung: vir probus = ______________________________

Singular		Plural	
Nom.	serva misera	**Nom.**	
Gen.		**Gen.**	
Dat.		**Dat.**	
Akk.		**Akk.**	
Abl.		**Abl.**	

Übersetzung: serva misera = ______________________________

Singular		Plural	
Nom.	mons vastus	**Nom.**	
Gen.		**Gen.**	
Dat.		**Dat.**	
Akk.		**Akk.**	
Abl.		**Abl.**	

Übersetzung: mons vastus = ______________________________

Singular		Plural	
Nom.	crimen meum	**Nom.**	
Gen.		**Gen.**	
Dat.		**Dat.**	
Akk.		**Akk.**	
Abl.		**Abl.**	

Übersetzung: crimen meum = ______________________________

Singular		Plural	
Nom.	nullus faber	**Nom.**	
Gen.		**Gen.**	
Dat.		**Dat.**	
Akk.		**Akk.**	
Abl.		**Abl.**	

Übersetzung: nullus faber = ______________________________

Das RELATIVPRONOMEN

Im Deutschen wird das Relativpronomen häufig verwendet:
z.B. Der Hund, **der (welcher)** bellt, beißt nicht.
Der Hund, **dessen** Fell schwarz ist, gefällt mir.

Das Relativpronomen leitet einen Relativsatz (=einen Nebensatz) ein:
vgl.oben: ..., **der (welcher)** bellt,...
..., **dessen** Fell schwarz ist,...

Das Relativpronomen gibt es **im Singular und im Plural, in den drei Genera** (Masculina, Feminina und Neutra) sowie **in allen Kasus** (Fällen):

Relativpronomen im Nominativ:

Singular			**Plural**		
m	der Herr, **der** schön ist,…	dominus, **qui** pulcher est,...	**m**	die Herren, **die** schön sind,…	domini, **qui** pulchri sunt,...
f	die Dame, **die** schön ist,...	domina, **quae** pulchra est,…	**f**	die Damen, **die** schön sind,...	dominae, **quae** pulchrae sunt,...
n	das Geschenk, **das** schön ist,...	munus, **quod** pulchrum est,…	**n**	die Geschenke, **die** schön sind,...	munera, **quae** pulchra sunt,…

Relativpronomen im Genitiv:

Singular			**Plural**		
m	der Herr, **dessen** Haus schön ist,…	dominus, **cuius** villa pulchra est,…	**m**	die Herren, **deren** Haus schön ist,…	domini, **quorum** villa pulchra est,…
f	die Dame, **deren** Haus schön ist,...	domina, **cuius** villa pulchra est,…	**f**	die Damen, **deren** Haus schön ist,...	dominae, **quarum** villa pulchra est,…
n	das Geschenk, **dessen** Form schön ist,...	munus, **cuius** forma pulchra est	**n**	die Geschenke, **deren** Form schön ist,...	munera, **quorum** forma pulchra est,…

Relativpronomen im Dativ:

Singular			Plural		
m	der Herr, **dem** ich Platz mache,...	dominus, **cui** viam (*oder*: locum) do,...	**m**	die Herren, **denen** ich Platz mache,...	domini, **quibus** viam (*oder*: locum) do,...
f	die Dame, **der** ich Platz mache,...	domina, **cui** viam (*oder*: locum) do,...	**f**	die Damen, **denen** ich Platz mache,...	dominae, **quibus** viam (*oder*: locum) do,...
n	das Tier, **dem** ich Platz mache,...	pecus, **cui** viam (*oder*: locum) do,...	**n**	die Tiere, **denen** ich Platz mache,...	pecora, **quibus** viam (*oder*: locum) do,...

Relativpronomen im Akkusativ:

Singular			Plural		
m	der Herr, **den** ich sehe,...	dominus, **quem** video	**m**	die Herren, **die** ich sehe,...	domini, **quos** video
f	die Dame, **die** ich sehe,...	domina, **quam** video	**f**	die Damen, **die** ich sehe,...	dominae, **quas** video
n	das Geschenk, **das** ich sehe,...	donum, **quod** video	**n**	die Geschenke, **die** ich sehe,...	dona, **quae** video

Relativpronomen im Ablativ (*hier Beispiel*: Präposition „de" mit Ablativ):

Singular			Plural		
m	der Herr, **über den** ich erzähle,...	dominus, **de quo** narro,...	**m**	die Herren, **über die** ich erzähle,...	domini, **de quibus** narro,...
f	die Dame, **über die** ich erzähle,...	domina, **de qua** narro,...	**f**	die Damen, **über die** ich erzähle,...	dominae, **de quibus** narro,...
n	das Geschenk, **über das** ich erzähle,...	munus, **de quo** narro,...	**n**	die Geschenke, **über die** ich erzähle,...	munera, **de quibus** narro,...

Übersetze (ÜBUNG 20 A):

20

1. Der Mann, der dort ist, ist ein alter Mann.	
2. Die Sklaven, die dort sind, lachen.	
3. Die Sklavin, die lacht, ist meine Tochter.	
4. Syrus, dessen Freundin ich bin, lacht.	
5. Syrus, mit dem ich arbeite, kommt herbei.	
6. Syrus, dem ich nun helfe, freut sich.	
7. Die Sklaven, denen ich helfe, sind zufrieden.	
8. Die Götter, die die Römer verehren, geben uns Hilfe.	
9. Wir sehen den Jungen, der die Felder bewirtschaftet.	
10. Ich muss für die Kinder sorgen, die ihr seht.	
11. Unser Hausherr, dessen Felder riesig sind, freut sich.	

12. Das Leben, das wir führen müssen, ist erbärmlich.	
13. Die Aufgaben, die der Vater hat, sind groß.	
14. Die Geschichten, die ihr hört, erfreuen euch.	

15. Ich sehe die Senatoren, mit denen der Vater die Kurie betritt.	
16. Das Mädchen, dem du Platz machst, lobt dich.	
17. Die Sklavinnen, denen wir verzeihen, freuen sich.	
18. Wir schimpfen die Diebe, denen wir begegnen.	
19. Wir loben die Kinder, denen wir erlauben, zu spielen.	
20. Die Geschichten, die du erzählst, erfreuen mich.	

Übersetze nun aus dem Lateinischen (ÜBUNG 20 B):

20

1. Dei, quos Romani colunt, nobis auxilium dant.	

2. Dominus noster, cuius agri vasti sunt, gaudet.	
3. Fabulae, quas auditis, vos delectant.	
4. Fures, quibus occurrimus, reprehendimus.	
5. Liberos curare debeo, quos videtis.	
6. Liberos, quibus ludere permittimus, laudamus.	
7. Munera, quae pater habet, magna sunt.	

8. Verba, quae dicis, me delectant.	
9. Puella, cui locum das, te laudat.	
10. Puerum, qui agros colit, videmus.	

11. Senatores, cum quibus pater curiam intrat, video.	

12. Serva, quae ridet, filia mea est.	
13. Servae, quibus veniam damus, gaudent.	
14. Servi, qui ibi sunt, rident.	
15. Servi, quibus adsum, contenti sunt.	
16. Syrus, cui nunc adsum, gaudet.	
17. Syrus, cuius amica sum, ridet.	
18. Syrus, cum quo laboro, accedit.	
19. Vir, qui ibi est, senex est.	
20. Vita, quam agere debemus, misera est.	